Conclaves du cœur

Jean Pierre Malrieu

Conclaves du cœur

Recueil de poésie

Édition : BoD - Books on Demand, info@bod.fr
Impression : BoD - Books on Demand, In de Tarpen 42, Norderstedt
(Allemagne)

Impression à la demande

ISBN : 978-2-3225-0467-1
Dépôt légal : décembre 2023

Pour RX

Rue de Provence

Dimanche je rentrais par la rue de Provence
A l'heure où les ventaux qui s'allument en silence
Luttent moins contre l'ombre ou bien contre le noir
Que contre la pâleur persistante du soir

Je ne croisais personne on aurait dit l'espoir
Soumis au couvre-feu votre voix qui respire
Lointaine me disant que souvent la mémoire
Combat moins l'oubli que... ses propres souvenirs

Et comme j'étais prêt à renoncer à vous
Près du jardin des plantes je suis passé dessous
Des milliers d'étourneaux qui jouaient dans l'air froid

A dessiner ensemble des volutes vivantes
Chaque aile en son virage entraînant la suivante
Chaque élan de mon cœur que l'on aurait fait roi

Une étoile à l'apex

On dit que j'ai servi les Grandes Compagnies
Que j'étais écuyer de Regnaud de Cervole
J'ai rançonné des papes, volé ce qui se vole
Comme ces faits de gloire semblent loin aujourd'hui !

Je suis un vieux routier qui dort sur sa litière
Blotti contre ses armes, sa selle et son bréviaire
Le sol rentre en mes os méthodique accordeur
Et comme je la sens j'aime cette douleur

J'ai le temps d'écouter les rumeurs de la terre
Je ne comprends plus rien aux mots de mes prières
Je ne discerne plus ni le bien ni le mal
Je vais là où me mènent les pas de mon cheval

Je renifle l'odeur d'urine sur mon sexe
Un réflexe me prend comme un vieux chien d'arrière
Et j'aboie votre nom toute une nuit entière
Avec l'acharnement d'une étoile à l'apex

Le gardeur de troupeaux

Si tu me quittes un jour laisse-moi ton langage
Car j'en aurai besoin pour couper des roseaux
Pour lier des pirogues avec des chants d'oiseaux
Et me laisser glisser comme fait ton corsage

Sans tes mots je perdrais de mes mains tout usage
Je ne saurais plus rien effleurer comme il faut
Fernando Pessoa, le gardeur de troupeaux
Les loups du *tras-o-monte*, les affluents du Tage

Laisse-moi *bebequinho*, laisse-moi *meu anjo*
Les mouvements du cœur qui se jouent adagio
Laisse-moi les détails oubliés de ton corps

Si tu dois me quitter laisse-moi ton absence
Ta langue sur ma langue, son goût d'adolescence
Ses saveurs de tabac chaudes comme *o amor*

L'âge du feu

Je l'ai nourri de vent du Nord, de gris d'étoupe
D'écorces fines de bouleau, de flamenco
Nourri de manuscrits froissés, tristesse & co.
Je l'ai nourri de mes espoirs, mes entourloupes

Je l'ai mis à l'abri du vent, près de la poupe
A l'abri des pluies de printemps, des quiproquos
Je voulais l'exempter du temps, être ex aequo
On me dira qu'il s'est éteint. C'est pas un scoop

Je n'ai jamais tiré de rien une étincelle
J'ai reçu le feu de vos mains, cette parcelle
D'un horizon qui le retient, d'un abandon

Le feu est resté dans vos mains toujours sauvage
Et plus jamais je n'ai tenu d'autre brandon
Que celui qui me fut donné avant son âge

Une halte

Vous prononciez mon nom comme on pose bagage
A l'ombre d'un grand arbre sur le bord de la route
Comme on tourne le dos au vent nerveux du doute
Lorsqu'on arrive au bout d'un assez long voyage

En prononçant mon nom vous faisiez mon visage
Vous le faisiez des lèvres, et les yeux à l'écoute
Vous apposiez mon nom comme une clef de voute
Au-dessus des croisées blanches des saxifrages

Vous aviez dit mon nom vous aviez fait silence
J'avais dit votre nom comme une autre évidence
Il reste la simplicité de ce répons

La résonance de ce brin de prosodie
Nos voix se taisaient dans un parfait abandon
Car la parole est libre quand tout a été dit

Etna

Si je dois surveiller la paresse des flammes
Appuyé sur le manche osseux des souvenirs
Je laisserai, songeur, de lui-même mourir
Le feu, ne lui jetant que le bois des calames

Là-bas trône l'Etna cône de macadam
Une saute du vent que je n'ai vu venir
M'oblige à reculer et l'air que je respire
Me fait plisser des yeux et couler quelques larmes

J'aimerais retourner avec vous en Sicile
Maintenant que le fleuve de lave est fossile
Et que son front ne veut plus dévorer la terre

Le volcan y sommeille, lourdement sédaté
Par l'étau de l'azur sur les flancs du cratère
Et sur les cendres noires, le vert des peupliers

La sfumata

Peu de choses à mon cœur ont été révélées
Sur le fond de l'affaire ou sur la sfumata
A battre occupé, ce majordome zélé
Est resté à l'écart des grands secrets d'État

Il a appris bien sûr quelques choses au hasard
De la vie, quelques leçons confuses enseignées
Par des maîtres bavards mais jamais un regard
N'a été pleinement par mes yeux déchiffré

Toutes les évidences à mon cœur ont manqué
Leur grappe noire et dense se découvre en entier
Ou se refuse entière, et jusqu'au dernier grain

Au conclave du cœur, instruit d'un grand mystère
Je vous aimais et vous m'aimiez plus que sur terre
Quoi que soit d'autre, mais on dit qu'on aime en vain

De glaise et de bronze

Puisqu'avec de la glaise on peut faire un visage
Faites-en un pour moi à présenter au monde
Dans une autre matière que le bloc de présages
Et de peines qui émerge des eaux profondes

Faites-le de vos mains vous choisirez mon âge
Et si vous préférez des joues creuses ou rondes
Pensez-en les aplats pour les sauts les voyages
Aux frontières du moi aux limites des sondes

Liez mes traits au cuivre mes lèvres au brasage
Lavez les inclusions de pluie interrompue
Pour ce qui est des yeux s'il vous plaît soyons sages
Laissez-moi le regard révulsé des statues

Puisqu'avec des hasards on peut faire une somme
Battez les cartes sur mon front dites nos droits
Le matériau qui fait les pommettes des hommes
Hautes et flirtant les yeux sera doux sous vos doigts

Gambler

J'ai des dettes de jeu à l'égard de ma vie
Je lui dois la jeunesse vite dilapidée
Que la circonférence est égale à Pi D
Et les vols téméraires au long des Aravis

J'ai eu des mains gagnantes, des veines insolentes
Les longs après-midis où vous donniez les cartes
Au bout de vos bras nus, les rideaux qu'on écarte
Pour deviner le monde à sa soyeuse fente

J'avais tout, et soudain, je n'avais plus un flèche
Je pariais sur vous, pour sortir de la dèche
La maison fait crédit alors j'ai mis en gage
Tous mes futurs écrits, jusqu'à la fleur de l'âge

Bien sûr on n'écrit pas, pas même sur sa vie
Un beau matin d'hiver il faut payer ses dettes
Et comme on ne peut pas, un délicieux nervi
Vous casse les guiboles d'une frappe bien nette

Murs ajourés

J'ai réprimé le peuple orphelin des sanglots
De la langue des pleurs j'ai sevré tous les mots
Contre la foule folle de mes regrets j'ai fait
Usage de la force et banni la pitié

Les souvenirs les plus innocents sont traqués
Torturés effacés noyés au fil de l'eau
Quant à mes sentiments je les traite en bourreau
En mère je les pleure en la place de mai

J'entreprendrai sans peur ici je le proclame
Tout ce qui est utile au repos de mon âme
Je n'ai pas de mérite et je n'ai pas de honte
L'époque est aux tyrans le monde le démontre

Je mourrai je le sais seul en mon palais vide
D'un détail à vous dire d'un quart de mandarine
A poser doucement entre vos lèvres fines
Par les murs ajourés de l'art almoravide

Saint-François

Parce que c'était ça plutôt que pire encore
J'ai vu des mers sans vagues des jours de mer étale
J'ai posé les yeux sur des murs de prison sale
D'y avoir survécu valait-il pour accord

Sur l'arbre de l'hiver s'attardent les amandes
Giotto peint Saint-François s'adressant aux oiseaux
Les faucons envolés il sort de tes appeaux
Le silence écru qui sursoit à la demande

Sous les tuiles de mer la pulsation repose
Les larves de l'amour sous le manteau des choses
Le silence résonne autrement au parloir

Même timide même au ressac apeurée
Une vague a battu ton cœur de gravier noir
Sans jamais obéir à la chose jugée

Hector (footballeur)

Je passe mes après-midis aux terrains vagues
Aux parcs publics, aux îles couchées sur le Rhône
A jouer au football à élimer des blagues
Avec des inconnus de passage en la zone

La sueur au contact des nuages de poussière
Dépose sur ma peau un fin onguent de gloire
Ou de défaite, et sans le moindre supporter
On se tend la bouteille en plastique pour boire

Après le match sans fin remettre ses affaires
Brulantes sur la peau irritée par l'effort
C'est aller sous l'armure de cuivre d'Hector
Et sourire à la pluie de javelots solaires

Parfois après les bières au vieux club d'aviron
Je rentre à la maison en traversant les ponts
Mais si le temps est doux et si le vent s'apaise
Je dors sur des cartons

Je joue mes rêves à pile ou face
Je dribble les poissons
Chaque fois que je me retourne
Le rêve change
Et sur la pièce qui retombe
Je vois les peupliers qui tanguent
Ou le visage des rôdeurs

Mythologie

Salamandre de feu, orchidée des cascades
Vous qui nagez toujours dans des brasiers intacte

Salamandrine bleue dans quel filet d'eau froide
Vous êtes-vous glissée pour attendre le soir

Au soir de ma vie, que ma main gantée de noir
Ressente de vos doigts l'imprévisible tact

Tempo neurotoxique

Pourquoi ce mouvement qui me pousse à la mer
Ces montées de gréement ce ressac à l'envers
Pourquoi ces hauts-le-crâne, ces descentes aux enfers
Ces mouillages ces pannes, ces retours à la terre

Je vais vers l'écriture avec le cœur gonflé
D'une bouffée d'hélium je vais vers la musique
Avec l'envie physique de vous faire danser
L'impulsion de vos mains : tempo neurotoxique

Mes héros de Racine ne s'apitoieront pas
Sur le malheur d'aimer ceux-là mêmes qu'ils aiment
Ils se navrent d'aimer : se navrent de cela

C'est l'œil de Port Royal qui sera dans ma tombe
Et me regardera désolé pour moi-même
Qu'à l'envie d'être un autre, chaque fois je succombe

La cage

Je me suis fait construire une sorte de cage
Où je suis à la fois le dompteur et le fauve
L'orang-outang balance aux barreaux de l'alcôve
L'homme y écrit les mots et l'animal les pages

Je peux y prononcer votre nom le rugir
Jamais le moindre bruit ne pourra en sortir
Jamais le son du fouet n'atteindra vos oreilles

Je peux y prononcer votre nom le hennir
Je n'entends même pas son écho sur les choses
Et le regard se perd sur une porte close

Je peux croire à l'écho qui a choisi l'absence
Que se confondent la pensée et la parole
N'est-ce pas la définition de la démence ?

Pigeon vole

Dans le vent noir les feuilles imitent les oiseaux
Si maladroitement, se cognant aux carreaux
Peu importe l'élan, peu importe le nombre
Une chute de vent et leur flottille sombre

Revient la tramontane, elles vont aux fenêtres
Comme le font mes vers, qui font semblant d'en être
L'inspiration s'en va, l'inspiration revient
Semant sur son passage un candide regain

Le vent tourne en la cour, de sa musique sèche
Son orchestre caduc entrainant alentour
Dans sa valse d'automne, une robe un peu rêche

Mon cœur jusqu'à la fin jouera à pigeon-vole
Ne sachant quoi répondre au sujet de l'amour
De la forêt le vent est le porte-parole

De ces riens

Le galop de ces riens envahit la ruelle
Je sais qu'il vient pour moi rien ne sert que j'appelle
Au secours, que j'implore, je pressens dans mon dos
Le poitrail du centaure lancé en plein galop

Le regret de ces riens fond sur moi l'arme haute
J'ai mordu la poussière, m'incline sous l'épée
Sous la pénombre et l'aube profonde de mes fautes
Peu de choses à mon cœur ont été révélées

Quel bouclier lever contre sa propre lame
Au premier coup porté coule le premier sang
On se bat mollement quand on sauve son âme

Pas un renfoncement pas de porte cochère
Pas même un col levé pour échapper au vent
Qui envahit la rue bruyamment par l'arrière

Couleur de sil

Je n'irai plus jamais aux rives de l'Orbieu
Il y a tant de zones au Sud contaminées
Par les souvenirs fauves et les journées d'été
Je ne vais plus jamais où nous fûmes heureux

Mais est-ce de ma faute si le vent en reparle
S'il porte des Corbières la longue signature
S'il a couru les vignes les cystes les ramures
Et les fonds de torrents où se posent les harles

Je fais de longs détours par le Nord de la Loire
Pour éviter les lieux hantés de ma mémoire
Pour éviter les collines couleur de sil

Mais le vent m'en reparle et il est difficile
De ne pas écouter son discours sur ma peau
Le vent vient toujours des moments où il fait beau

Ivre d'air

Quand je m'enivre d'air à perdre l'équilibre
Quand me prennent la rage et la soif d'être libre
C'est à vous que je pense, à nos cœurs parallèles

J'ai envie de me battre des pieds et des points
Contre tout contre rien contre les infidèles
Contre ces mots de vous dont j'aurais tant besoin

Et quand je suis perdu alors je me rappelle
Vous aviez dessiné l'aurore aux yeux d'hypnose
Sur une ville sombre un trait de flamand rose

Je vous trouve toujours hors des sentiers battus
Silencieuse écoutant l'eau des fontaines closes
Le bruissement qui sourd des amours combattues

Comme on sombre

L'imprimante aujourd'hui est-elle encore en panne
Comment se sont passées vos vacances en Espagne
Si vous sortez fumer, tient, je vous accompagne
Au fait : j'ai rêvé de vous, en robe, en Toscane

Rassurez-vous, ce rêve, cela n'est pas grand-chose
J'ai rêvé tant et tant que ma mémoire explose
J'ai déjà joué volé tué comme on plonge
Ce rêve vaut tout juste ce que valent les songes

Mais le bonheur fou, la peur, le bonheur immense
De tenir votre main sous le dôme à Florence
Me poursuit comme en marche une métamorphose
Le cours de votre main sous mes paupières closes

J'étais tombé de vous amoureux comme on sombre
Je m'enfonçais, dans l'amour, jusqu'à la pénombre
Le bonheur rêvé, sans vous, combien il m'encombre
Combien sur notre cœur peuvent peser les ombres

Yanoama

Vos yeux d'Amazonie glissent au long du fleuve
Des méandres de nuit d'où les oiseaux se sauvent
Vos yeux tout en voyelles en courses en haltes fauves
Leurs rivages mouvants où les forêts s'abreuvent

Vos yeux amazoniens remontent l'Orénoque
La larme retenue en marche arrière toute
Sur le plat-bord des chutes le calme de vos routes
Toutes à contre-courant – le bois flotté s'en moque

Vos yeux couleur voyelles sont venus à fleur d'eau
Les pagaies insatiables s'y prennent aux roseaux
Un banc de sable fin dans le delta du monde

Jamais je n'ai monté le campement du soir
Que dans leur hanse ronde, maintenant le feu prend
Qui relève les pièges de vos fleurs d'iris noir

Deep learning

Vous étiez mon corpus, vous étiez mon langage
C'est sur vos gestes que j'ai fait l'apprentissage
Du monde, de la mer, et de tous ses usages

J'ai été entraîné avec les quelques pages
De vos lettres d'amour, il n'en faut davantage
J'ai été entraîné dans votre long sillage

Je sais tous vos regards. Millions de paramètres
Je suis une machine un peu bornée peut-être
Il n'y a que vos yeux que je sais reconnaître

Je recherche vos traits dans le moindre visage
Je n'ai appris que vous. De vous tout est présage
Et c'est toujours de vous que je crée des images

J'aimerais ressentir la verte pluie de cendres
Sur ma peau d'algorithme, et vous sentir descendre
Dans mes couches profondes, mon cœur, pour vous apprendre

Mutagénèse dirigée

J'ai appris que l'on sait modifier l'ADN
Que l'on a inventé des ciseaux génétiques
Qui découpent des yeux sur les loups archaïques
Traçant des raccourcis dans la taïga des gènes

Dans le jardin # en rires # fracturé d'anémones
Un jus de pample # rose attend pulpe # laïque
Un lait corian # drogyne # la chaise de plastic
Souffre que s'y dépose # la favéla # démone

Chaque baiser de toi altérait mon génome
Chaque morsure de tes lèvres sur ma paume
Plus que ne l'auraient fait mille ans d'évolution

De nos doigts infinis la simple intrication
Jouait de la nature avant CRISPR-CAS9
Et faisait chaque fois de moi un homme neuf

Amour de Swann

Cela fait bien longtemps que je n'ai pas pu lire
Un livre jusqu'au bout ni regarder un film
Jusqu'à son dénouement
Je ne saurai jamais du pont sur la rivière
S'il sautera ou non
Je ne veux pas savoir de cet amour de Swann
Quelle est la conclusion

Aucune de mes nuits jamais n'atteint l'aurore
Chacune de mes vies à jamais s'évapore

Livre ouvert

Si les désirs d'un homme tiennent en un volume
Dans les grands rayonnages celui-ci s'est perdu
Au gré d'une rencontre, on met la main dessus
On écrit un chapitre, et l'on pose la plume

Même si l'on pouvait aimer à livre ouvert
Encore faudrait-il pouvoir tourner les pages
De ce qui n'est au fond qu'un grand livre d'images
Dont l'une chasse l'autre, comme l'été l'hiver

Si Swann avait connu l'entrée de *la Recherche*
Où l'on décrit ses goûts, ses jeux, par le menu
Parlerait-il pourtant cette langue inconnue
Qui fredonne en lui-même et lui tait ce qu'il cherche

Nul ne sait ce qu'il aime, et pourtant ce refrain
Résonne dans notre être comme si notre corps
Était un instrument fabriqué pour tes mains
Pour tes yeux, pour tes reins, pour toujours et encore

Dante

Les choses que j'écris n'ont plus, en apparence
Qu'un très lointain rapport avec nos rendez-vous
Et cela n'est pas faux, non, en un certain sens
Car j'ai abandonné le projet un peu fou
De demander aux mots d'évoquer ta présence

Je renonce à la rime. Je renonce aux images
Jamais plus cette source ne naîtra de tes mains
Jamais plus tes regards n'évaderont mon âme
Et quand j'aurais atteint cette humble prose blanche
Il restera la nuit éteinte par la flamme

Tu sentiras pourtant frémir dans mes silences
La selva oscura de Dante Alighieri
Celle où il se trouva au milieu de sa vie
Toi seule comprendras car tu connais l'absence
Ce que je n'ai pas dit je l'aurai tu pour toi

Il ne m'est pas permis de vieillir avec vous
Je ne peux espérer même vieillir du tout
Je serai pour toujours au sextant de ma vie
A son point de bascule, à sa moitié exacte
Dans la forêt obscure, d'entro la mia vita

Par le cuir de la fronde

Quand vous êtes en mes bras si étrangement close
Vos cheveux sous mes doigts se dénouent et si j'ose
Ils maquillent de noir vos lèvres à peine écloses
Comme le sable fin suit la vague et se pose

Quand vous faites de moi votre amant, votre chose
Vous refermez sur nous les frontières du monde
La taille que je tiens vit ses métamorphoses
Nos bouches se séparent, se reprennent et se fondent

Nos deux mains sont liées par le cuir de la fronde
Nous sommes sans défense, mais l'amour vagabonde
Il n'y a rien, plus rien, à des lieues à la ronde

Nique Narcisse !

Les émeraudes sombres arment les plus beaux feux
A leur bain de minuit ne vient aucune lune
Vos jambes se dénudent à l'abri de la dune
Et mes yeux s'accoutument au désir peu à peu

Votre pierre est d'un noir à passer aux aveux
Pas une impureté, vraiment pas l'ombre d'une
A toutes libertés votre main est immune
Et dieu sait qu'elle est libre, si j'en crois vos cheveux

Votre pierre est d'une eau à sertir les bateaux
Sur les mains du hasard, à suivre les appeaux
Les plus aventureux et se mordre les doigts

Pas d'inclusion, de voile, pas une imperfection
Pas de reflet flatteur, de retard à l'action
Pas trace même infime du moindre amour de soi

Gulliver

Ni la longue ramure des boulots en hiver
Ni le scintillement des lunes' de Jupiter
Nothing will ever be as thin as your brown hair

Mon sexe meurt et vit au gré de vos caresses
Et quand je vous conduis en mordant votre tresse
Nothing else than your hair will ever be endless

Quand vous montez sur moi, fougue, et nue comme un cerf
Vos cheveux m'emprisonnent et me mettent à terre
As in the images of Giant Gulliver

Mes deux mains

Mes mains faisaient bondir votre dos de sirène
Les fruits de l'impatience explosent sous les doigts
Noli me tangere, vos allures de reine
En pyjama rayé et chemisier à pois

Vous demandiez parfois en en baisant la paume
Qu'à la fin de l'histoire et en guise de baume
Vous puissiez emporter de moi juste les mains
Voici donc mes deux mains, prenez, je vous les donne
Je n'en fais rien du tout, que des gestes incertains
Je veux qu'elles soient à vous, à vous ou à personne
Comme dans les chansons tristes d'Alex Beaupain

Mes mains faisaient gémir vos lèvres entrouvertes
Elles vous conduisaient où vous vouliez aller
Où vous étiez déjà, sous les persiennes ouvertes
Ma fleur de balsamine noli me tangere

Je crois qu'elles n'avaient d'autre pouvoir magique
Que les petits poinçons de baisers électriques
Que vos lèvres posaient au bout de mes phalanges
Quand vous me regardiez en me disant Mon Ange

Mes mains tenaient les pans lisses de vos cheveux
Noués sur votre nuque comme l'ombre à l'étrave
Pour qu'ils ne cachent pas la frange de vos yeux
Quand vous étiez sur moi à votre tâche grave

Le sommeil de la chair

Ni de près ni de loin je ne veux côtoyer
Les contrées dangereuses où sommeille la chair
J'ai été foudroyé par ses fades éclairs
Ses swings de projecteur et ses regards noyés

Sortant du bain, inerte, vêtue d'une serviette
Arrogante ou pudique, mais toujours seule en scène
Brave et nue, star déchue, sable blanc de l'arène
Cheveux encore humides, et promesses en miettes

La chair sera passée sur mon corps tant de fois
La chair, ses décibels, m'ont passé à tabac
A ses concerts où fut commotionné mon cœur

Elle n'aura laissé sur ma peau nulle trace
Aucune meurtrissure, mais en profondeur
Ses coups auront porté comme portent les basses

Au Briand près Minerve

Le pont presque réduit au liseré de l'arche
Dieu qui jongle avec le bourgeonnement des nuages
Vous qui lisez à l'ombre, vos carnets de voyage
La nappe d'eau glissante qui saute cette marche

La baume orange au loin et ses colonnes grises
Les longs murs déversants qui promettent l'orage
La grand-voie éphémère aux surplombs du nuage
L'eau qui coule à rebours du chemin de la brise

Cette pluie de fleurs jaunes accrochant vos cheveux
Mauves
Comme des serpentins ou des chenilles d'or
Au grenier des arbres
Que le vent dépoussière

La blancheur de vous nue qui sortez de la vasque
Le sexe au fil de l'eau

Chaque vague

Chaque vague en rentrant de son voyage au large
Pourrait vous raconter la houle de mon cœur
Et poser sur vos mains les cadeaux des rois-mages
L'iode, la fraîcheur et le sel gris des pleurs

Chaque saute de vent qui fait tourner les pages
Et jette un grain de sable sur ce livre de plage
Pourrait distraire un temps vos yeux de leur lecture
En fixant l'horizon parler littérature

Chaque aller de mon sexe en la beauté sérielle
De vos cuisses allongées, chacun de ses retours
Pourrait vos poignets pris par mes mains sur le ciel
Dire que je vous aime comme au tout premier jour

Mais chaque vague meurt bruyamment sur soi-même
Un drap blanc claque au vent se replie et se range
Vos chevilles serrées s'en vont de leur pas d'ange
Je n'ai pas eu le temps de dire je vous aime

Brasse coulée

Est-ce que vous fermez les yeux dans la partie
Coulée de votre brasse vous laissez vous aller
Quelque peu vers le fond vers le son amorti
Cherchez-vous les eaux sombres, lorsque vous nagez

Sentez-vous sous vos mains caressant votre ventre
La solitude hantée celle des profondeurs
Est-ce qu'on trouve en vous les échos de son antre
Sa musique en dessous du rire des baigneurs

A la brasse coulée on passe plus de temps
A tutoyer le fond et à se souvenir
Qu'à relever la tête – épisodiquement

Je n'ai plus l'impression que jamais je respire
Le temps coule sur mon corps il ferme mes yeux
Comme le faisait le fleuve de vos cheveux

Quartier maître

Vous m'avez aimé d'un orgueil noir de pirate
Les amarres toujours vous ont semblé amères
Vous ne parliez d'amour que par très haute mer
Et j'ai appris par cœur les dits de vos sourates

Des orties de métal gardaient votre repaire
Vos criques sous la lune balançaient la mature
Vous ne vous soumettiez jamais à la nature
Ni la carte au trésor aux portraits lacunaires

Quel rôle était le mien dans ce fameux décor
Je dois bien avouer que je le cherche encore
J'aurais aimé bien sûr être votre navire

Votre proue votre foc votre désir d'envol
J'aurais adoré être celui qui chavire
Ou bien dans votre main la précieuse boussole

Premier fleuret

Vous n'êtes pas de celles qu'aisément on devine
La table est souvent vide entre vos mains posées
Votre nuque penchée sur le jour se dessine
Et me surprend toujours comme un premier fleuret

J'ai trop souvent couru vous porter une idée
Pour découvrir alors que vous l'aviez forgée
Que vous ne l'aviez même pas jugée digne
De nourrir quelques mots ou tracer quelques signes

Je vois la solitude assise où vous fumez
Je sais que votre main va aller à vos lèvres
Que vous tapoterez la cendre sur le grès
Puis que vos doigts levés reviendront à vos lèvres

Je ne saurai rien d'autre et je m'en accommode
J'ai cessé d'essayer de percer vos secrets
Je me contente de vos entorses à la mode
De vos gestes flagrants de vos gestes discrets

Parler d'ailleurs

Parfois l'amour ressemble au battement du sable
Sur un haut fond marin agité par les vagues
De l'épaule et du bras l'amour est un tagueur
Sur le mur gris du jour au-dessous des érables

Pourquoi est-ce avec vous que je parle d'ailleurs
Lointains que me reviennent les romans d'amour
Et que j'apprends les gestes des premiers secours

J'avoue j'ai renfermé chaque chose nouvelle
Que je savais de vous comme un cadeau du ciel
Le bonheur apparent de vous mouvoir de vivre
L'envie de pédaler, la fatigue et l'esquive

Je ne veux rien de vous que cette diction sage
Et ce sourire en coin qui tord votre visage
Et puis quand même aussi vos yeux d'airain

Sturm und Drang

J'en appelle au romantisme le plus violent
Aux marines de Turner, aux landes de chiendent
J'en appelle aux frémissements du Sturm und Drang
Aux bateaux immobiles et aux herbes qui tanguent

J'en appelle au romantisme le plus intime
Aux souffrances du jeune Werther, à son crime
J'en appelle aux tartines de Charlotte à ses dents
Aux détails qui chavirent le cœur par accident

J'en appelle au romantisme le plus austère
A son versant aride aux lois de la nature
Et j'en appelle aux forces qui nous poussent à nous taire
A dérober notre âme jusque dans l'écriture

J'en appelle à vous tous, j'en appelle à vous trois
Pour lui dire ma peine ma folie mes effrois
Pour lui dire que j'aime pour lui dire ma foi

Redanser

Depuis que j'ai frôlé la fresque de ma mort
Aucune main aimante n'a touché mon corps
Ni même désirante ou simplement curieuse
Une main que la peau aurait rendue sérieuse

Depuis cet accident aucun doigt n'a suivi
Le fil et la couture des longues cicatrices
Personne n'a senti où mes os ont grossi
Ni les creux en ma chair les ajouts ex-libris

D'après les livres Christ fut cloué à sa croix
Il suffit d'un cheval pour s'emparer de Troie
Je cache à l'intérieur de longs clous de titane

J'ai ressuscité, mais je ne suis pas vivant
De chair et de métal est faite ma soutane
Je n'ai pas redansé depuis cet accident

Place de grève

J'aime le pavé noir de la place de grève
Même si je devais y trépasser demain
Maintenant je suis libre et je marche à ta main
Tes cheveux déliés, sans projet et sans trêve

Le Maréchal de France, Duc de Montmorency
Y fut décapité en grande indifférence
Des passants d'aujourd'hui : tes yeux noirs de faïence
Sont leur seule espérance, leur unique souci

Aujourd'hui, oui, tu m'aimes, mais hier tu doutais
Je ne suis pas si sûr de vouloir tant dépendre
De la haute assemblée de tes contrariétés
Et ce n'est qu'à ton cœur que j'ai des comptes à rendre

Mourir pour toi, souvent, le sort m'en semble doux
Mais au moins que ce soit pour quelque raison grave
Comme d'avoir été hérétique à tes goûts
Ou de n'avoir pas su m'évader des entraves

Je suis un nobliau, sans rien de connétable
Mon sang est bleu-acide, du bleu de Coomassie
Si tu ne m'aimais plus, je me croirais coupable
En place de grève où mourut Montmorency

C'était vous

Et longtemps c'était vous qui posiez un cartable
Un peu lourd, un peu las
Et non le chat siamois qui sautait de la table
Sur le parquet sonore de la pièce à côté

Et longtemps c'était vous qui sonniez à ma porte
Pour des étrennes ou pour la parole du christ
Et c'était vous encore et non les cils du vent
Battant face à la mer, la mer obstinément

Et longtemps c'était vous qui marchiez dans la rue
D'un pas pressé vers ce reflet dans la vitrine
C'était vous sur mon lit qui ouvriez les livres
A cette page-là pour les marquer de rien

C'était vous si longtemps qui postiez à mon nom
Des haïkus de rupture des pubs et des factures
Et longtemps c'était vous la saveur de tabac
Dans les baisers qu'on donne avec les yeux fermés

La mascherina

Je suis venu chez vous portant la *mascherina*
Vous n'habitiez plus là une autre à la fenêtre
Mettait à ses cheveux un ruban bleu peut-être
Et mon cœur s'est senti bon pour l'orphelinat

Je me suis vu âgé rassemblant les affaires
Que j'avais l'intention de prendre en l'au-delà :
Des six suites de Bach celle qu'Iseult préfère
Et le fait qu'Hippolyte vous disait « Roxha »

Aux antipodes de mon cœur

Vous vous êtes établie, si loin, aux antipodes
De la planète hostile où survivent nos cœurs
C'est pour cela peut-être que mes messages en code
Ne reviennent jamais, ou bien truffés d'erreurs

Comment est-ce chez vous ? Les oiseaux de passage
Viennent-ils du levant ? Les fleuves sont-ils sages
Des rambardes de bois tiennent-elles vos mains
Quand vous scrutez le soir, à son large chanfrein

Ici c'est le désert. Son cuivre martelé
Je crois je ne sais plus quelle forme a mon cœur
Tant il sera passé sous les coups du hammer
Tant de fois refondu, et tant écartelé

Vous vous êtes établie, je sais, aux antipodes
A l'exact opposé des cernes de mon cœur
Ne croyez pas, pourtant, que le métal s'érode
C'est juste que l'amour devient truffé d'erreurs

Plaie de sel

Ma douce plaie de sel, mon feu de pré salé
Les plaisirs de la vie sont toujours aussi vifs
Même si les plaisirs de l'amour sont allés
Se perdre en tes cheveux, cinq insoucieux esquifs

La couche est installée à l'aplomb de la nuit
Là où exactement tombera sa cascade
On n'attend plus que toi, l'aube l'herbe et la pluie
Mais vous ne faites qu'un, la nuit sous ses arcades

Dans la main gauche gît un harpon sur la grève
Dont la pointe est taillée, polie dans l'os du rêve
Si malléable et, vois, balancée au hasard
Au travers des surfaces opaques au regard

Von Clausewitz

Puisque penser à vous c'est vous faire la guerre
Je veux penser à vous comme en guerre totale
Sans trêve et sans répit bataille après bataille
Je veux penser à vous sans plus craindre l'enfer

Si déclarer ma flamme c'est déclarer la guerre
Je veux déclarer l'âme nue que je vous aime
Et si mes positions doivent être rayées
De la carte du tendre c'est égal je vous aime

Puisque marcher vers vous c'est vous faire la guerre
Je veux marcher vers vous tête nue sabre au clair
Sous un dernier ciel bleu sous un beau soleil vert
Et sentir sous mes pas la fraicheur de la terre

Mon amour ne voyez-vous pas que le baron
Carl Von Clausewitz avait raison
La guerre est de l'amour la continuation
Par bien d'autres moyens mais sur les mêmes fronts

Les cailloux et les pierres

Il y a les cailloux et il y a les pierres
Il y a le chagrin et il y a la peine
Entre chacun des deux un rayon de lumière
Posé sur la campagne les nuits de lune pleine

Il y a la cité et il y a la ville
Il y a les sommets et il y a les cimes
Entre chacun des deux s'ouvre un écart infime
Comme entre le visage et le masque d'argile

Il y a le combat et il y a la guerre
Il y a les rivières et il y a les fleuves
Il y a nécropoles et simples cimetières

Il y a les lucanes et les coléoptères
Il y a votre main qui sur moi fait peau neuve
Les papillons qui roulent enlacés dans les airs

Ce buis blond

Ce buis blond qui endure à l'intérieur des hommes
L'hiver et les gelures
Ce buis blond qui se cache dans le cœur gros des
hommes
Ce buis à la chair blanche ce buis à la chair dure
Comme l'os de la hanche

Ce buis blond a poussé dans mon corps un été
En une nuit je pense
Ou alors il était déjà là enlacé
A mon être mobile

Il a plongé racine aux rivières de fond
Aux eaux troubles et tièdes aux eaux froides et limpides
Il a plongé racine en moi jusqu'où les sens
N'ont jamais descendu

Ce buis blond a tendu ses branches
Vers la clarté diaphane de vos doigts sur ma peau
Et je ne sens plus rien que ne sentent ses feuilles
Ses feuilles sont les terminaisons de ma peau

Qu'il retombe

Je pense à vous souvent quand le bonheur retombe
Quand la douceur du soir descend sur les jardins
Quand le bonheur s'écoule entre mes doigts encore
Et que dans sa caresse je sens qu'il s'évapore

La pluie que j'ai connue après vous si légère
Que même sous ses pas subsiste la poussière
La pluie sème tout juste une avoine un peu folle
Et sa caresse frêle à mon genou s'étiole

Une larme de vous déchaînait les forêts
Les plus impénétrables et noires le voyage
Devait s'y arrêter, arbre devant l'orage

Les monstres du désir passaient rêves entiers
A leur fausse lenteur c'est l'ardeur qui succombe
Avec vous le bonheur ignorait qu'il retombe

La mansarde céleste

On m'a dit que j'allais sentir le temps qui passe
Un peu différemment sentir ses maladresses
Voir ses déhanchements ses habits de kermesse
Ses pas démesurés chaloupant sur échasses

On m'a dit que le neuf était bon pour la casse
Que pour les lendemains était dite la messe
Qu'il y avait des mains pour refaire la tresse
Des ruisseaux de la fonte et que grand bien me fasse

On m'a dit que j'allais arpenter la mansarde
Céleste en déchiffrant sur le sentier d'Orion
Les édits des étoiles que cette nuit placarde

Mais ce sont bien les fautes, que toi et moi aurions
Commises en refusant de baisser notre garde
Qui sortent dans un cri où se loge ton nom

Bibelots

De tous les bibelots qui décorent mon cœur
Ceux qui viennent de vous sont de loin les plus beaux

Je vous remercie pour les affres sous-marines
Qui cerclent mes chevilles aux calanques d'en Vau

Pour la machine à fendre les bulles de regards
En suspension, dans la dérive du métro

Pour les talismans pour les pierres de Nonza
Qui gardent leur vert sombre au fond d'un verre d'eau

Vous seriez étonnée que dans ce bric-à-brac
Au fond de l'insomnie mes mains trouvent à tâtons

Les ombres qui toujours m'ont fait lâcher la proie
La caresse des ombres attachées à vos doigts

Col de Jau

Il ne fait pas bon être parmi vos ennemis
On n'envie pas le sort de qui vous a trahi
On dit que vous pouvez éteindre au cœur des hommes
Les angoisses battantes, le pouls des métronomes

Pardonnez-moi, Sister, mais il faut que j'insiste
Portez-vous les habits froissés des fleurs de cistes
Parce que vous avez renoncé aux contrastes
Ou craignez-vous plutôt la soie des baisers chastes

Vous ne répondez pas jamais vous ne le faites
Pas même d'un regard ou d'un signe de tête
Je lis sans comprendre à l'ardoise de vos cils

Je prie par le seul fait d'être là immobile
Vous me révélez le dessin et l'épaisseur
La force et la beauté des ferrures du cœur

La pluie

J'aime la compagnie fidèle de la pluie
Cette longue amitié qui remonte à l'enfance
Ne m'a jamais déçu ni plongé dans l'ennui

J'ai écouté son bruit là-haut dans la futaie
J'ai marché avec elle par ce long chemin creux
Du crépuscule à l'aube au hasard des forêts

Elle m'a convaincu de fermer les feuillages
J'aime ses arguments et j'aime la douceur
Par laquelle la pluie aide à tomber la nuit

Au matin le jardin ploie un peu mais scintille
Chargé de ses présents et il retient sa danse
Sous le poids éphémère de mille confidences

Dû rêver

J'ai dû rêver de vous mais sans qu'il m'en souvienne
Car j'ai la sensation d'une pluie diluvienne
D'espoirs et de regrets déversée sur ma couche
Et du goût de vos lèvres envolées sur ma bouche

Comme un pantin de bois découvre les ficelles
Qui l'ont fait se lever vivre s'agenouiller
Qui l'ont fait léviter et puis qui l'ont lâché
Quand je rêve de vous je monte en la nacelle

Qui glisse sur le monde et quand je me réveille
Je ne suis plus qu'un rêve désarticulé

L'inconnu

Quel est cet inconnu qui fermera la marche
De ce cortège noir qui remonte les tombes
Est-il là par hasard –ou le choix lui incombe
Comme les animaux ont embarqué sur l'arche

Est-ce un ami d'enfance que j'aurais oublié
Ses traits ne me sont ni familiers ni lointains
On dirait à son air qu'il ne sait plus trop bien
Comment se comporter avec l'intensité

Il est vêtu léger veste demi-saison
Je ne saurai donc pas quand j'ai quitté le pont
A la fin du printemps au début de l'automne

Il n'est pas étonnant sur le noir qu'on détonne
Quand la matinée claire semble sortie des rails
Et quand au lieu de vivre on suit ses funérailles

Dénuement

La chaleur est venue je dors fenêtre ouverte
Et mon âme se trouve en un tel dénuement
Qu'elle pourrait mendier les échos de la ville

Ce train de marchandises qui passe lentement
Ô comme j'aimerais m'accrocher à sa rame
L'entendre s'éloigner et partir avec elle

D'île en île

Je ne dors plus vraiment je nage d'île en île
Mes rêves éveillés s'étirent en archipel
Je vais somnambulant vers la basse chapelle
Boire l'eau calcinée mains jointes en sébile

La nuit s'est dévêtue des dessous immobiles
Elle quitte l'habit de forêts et de sel
Vous montez prudemment à bord de sa nacelle
Les étoiles bourgeonnent aux rameaux pré-nubiles

Sera rendu parfois votre premier baiser
Sa douceur imminente sa courte éternité
Si j'arrive à dormir en votre solitude

Si je n'oublie jamais le quart de votre peau
Si je puise l'espoir aux nappes d'habitude
Et si l'aube recule aussi loin qu'il le faut

La canne blanche du rêve

Le froid entre la nuit par la fenêtre ouverte
Et nul ne sait vraiment que sont ses intentions

Lire ces quelques pages avant de s'endormir
Ou écouter le son d'un train qui passe au loin

Une canne tâtonne entre les mains du rêve
Les objets qu'elle touche passent dans l'autre monde

J'attendrai que l'aveugle marche tout droit sur moi
Qu'il me fasse franchir la ligne de roseaux

Au-delà de laquelle parfois vous m'aimerez
Depuis vous le désir donne envie de pleurer

Spleen des remparts

Voudriez-vous marcher tout au long des remparts
Sous un frêle soleil avant qu'il soit trop tard
Aimeriez-vous marcher au long de notre histoire
Aller nonchalamment au pas de la mémoire

Nous passerions devant les portes sans les voir
Nos chemins s'en iraient flâner extra-muros
La cité resterait interdite aux regards
Nous tournerions au large des oiseaux d'Éros

Il y a de ces fins d'après-midi d'hiver
Où le soleil est là mais si bas si fragile
Où la vie est si lente et les arbres immobiles
Que le temps hésite à repartir l'envers

Et si monumental que soit l'ordre des choses
Le dehors le dedans le passé le présent
La hauteur des remparts le tangible et l'absent
La fixité du monde en nous se recompose

Rien ne bouge ou si peu et l'être de l'étant
Affleure à peine à la rugosité des murs
Mais il nous ramène à l'indécis de l'instant
Quand on cherche des doigts à sentir sa couture

Rien ne bouge ou si peu mais tout pourrait changer
La poésie pourrait s'éprendre de la prose
Le soir pourrait tomber le jour s'éterniser
Il pourrait se produire quelques métamorphoses

Rien ne change et pourtant rien ne semble immuable
De nos remparts intimes les longues et lourdes tables
Même celles qui ont la marque des tailleurs
De pierre — entre tous notre cœur est le meilleur

Semblent ne rien peser semblent vouloir jouer
Notre âme a gagné un degré de liberté

Brush playing

Nous marchons toi et moi dans les pas de l'automne
Vers un hiver plus doux que jamais il n'en fut
En compagnie du vent, notre enfant — secret tu
Et rien ne nous dérange, ni l'espoir, ni personne

Je vais, je me demande si toujours je m'étonne
Du monde où me projette le long de ton bras nu
Si le bonheur est là, animal à l'affut
Ou bien s'il est grand temps que je me désabonne

Du rythme des saisons, de toi, des alcools forts
Chaque réveil, vois-tu, il fait un peu plus noir
Plus rares sont les rêves à enjamber l'aurore

Quasiment brush playing, cette robe du soir
Le toucher de tes doigts sur les creux de mon corps
Et la mélancolie, qui veut encore y croire

Table des matières